David Francisco Camargo Hernández

Conservar El Optimismo

David Francisco Camargo Hernández

Conservar El Optimismo

Guía Práctica

JustFiction Edition

Imprint

Cover image: www.ingimage.com

Publisher:
JustFiction! Edition
is a trademark of
Dodo Books Indian Ocean Ltd., member of the OmniScriptum S.R.L Publishing group
str. A.Russo 15, of. 61, Chisinau-2068, Republic of Moldova Europe
Printed at: see last page
ISBN: 978-620-3-57509-5

FUNDACIÓN SUEÑOS DE ESCRITOR

GUIA PRÁCTICA PARA

CONSERVAR EL OPTIMISMO

a pesar de las circunstacias adversas

David Francisco Camargo Hernández

Guía práctica para

Conservar el optimismo

a pesar de las circunstancias adversas

DAVID FRANCISCO
CAMARGO HERNÁNDEZ

TABLA DE CONTENIDO

- ¿cómo mejorar el optimismo?
- ¿cómo fomentar el optimismo?
- ¿Claves para ser optimistas?
- ¿Razones para ser optimistas?
- Es normal sentirse desmotivado y deprimido por los problemas económicos.
- ¿Qué se debe hacer para mantener el optimismo a pesar de las circunstancias adversas?
- ¿Cómo poder ayudar a las personas desmotivadas por falta de actividad laboral?
- Tips de optimismo
- Tipología de personas optimistas
- Algunas Apps que ayudan a ser optimistas

- Encuesta sobre optimismo
- El optimismo en las sagradas escrituras.
- Conclusiones generales
- Bibliografía Del autor
- Glosario de términos
- Anexos
- Algunas publicaciones del autor

INTRODUCCIÓN

Una persona optimista no visualiza el mundo mejor o peor de lo que es, simplemente lo ve con mayor confianza a pesar que siempre habrá situaciones negativas, lo importante es mantener una actitud positiva.

Nadie se escapa de que en oportunidades tenga sentimientos de tristeza, melancolía o pesimismo frente a las cosas cotidianas que ocurren, lo importante es no dejarse arrastrar por la desesperación, sino que se debe guardar la calma para que no afecte nuestra salud.

Las personas optimistas evitan la exageración de los riesgos y el sufrimiento, para no verse tan afectados ante una situación calamitosa.

Lo que menos se debe hacer es lamentarse ante eventos adversos y rodearse de personas que hayan atravesado circunstancias parecidas como por ejemplo: la pérdida de un ser querido, una enfermedad terminal, un empleo, que puedan aportar algo, y den cierta calma para pensar como afrontarlo de manera objetiva.

Las personas optimistas por lo general encuentran respuestas a las dificultades que se presentan , alejan de si los pensamientos negativos que en nada benefician y, tienen expectativas positivas de lograr lo que se proponen.

Los optimistas atribuyen los posibles éxitos al merito individual y, el fracaso lo asocian con factores ajenos a ellos, por lo que no piensan en resultados negativos, sino en la probabilidad de obtener resultados positivos con la certeza de que lo van a lograr.

El optimismo ayuda a ver la vida con mejores ojos, y es algo de lo que todos nos debemos dejar contagiar.

Es importante cultivar los pensamientos positivos sin exagerar los temores y adquirir aptitudes que nos brinden seguridad.

Características de las personas optimistas

- Se trata de personas altruistas y caritativas.
- Descansan sin sobresaltos y sin preocupaciones.
- No se preocupan por las cosas negativas, porque a todo le ven una posible solución.
- Se recuperan de los eventos adversos con mayor facilidad (resilientes)
- No guardan sentimientos de rencor y olvidan con facilidad las ofensas.
- Los niveles de estrés que presentan son bajos.

- Son agradecidos con la vida y aprecian el valor de las cosas , más cuando las obtienen con esfuerzos.
- Insisten hasta superar las dificultades
- Hacen deporte para mantener mente y cuerpo sanos.
- Minimizan los pensamientos negativos..

¿De qué depende ser optimistas?

Las personas optimistas ven lo positivo en cualquier situación por difícil que esta parezca.

•El optimismo se logra cambiando nuestro comportamiento.

•Debemos enfocarnos en aquello que nos sale bien y transmitirlo a las demás acciones diarias que realicemos.

•Por grandes que sean los problemas, el optimismo ayuda a mejorar la calidad de vida, y buscar soluciones.

Ventajas de ser optimistas

Las personas optimistas logran ser exitosas.

El optimismo atrae cosas buenas, tienen mejor salud. Menos estrés.

Consideran que las dificultades son transitorias y buscan superarlas en el menor tiempo posible.

No se culpan así mismos y tampoco a los demás, tienen buenas relaciones sociales.

Confían en sus capacidades y cualidades para sobresalir y persisten en sus objetivos y metas.
Hace que mejore la situación adversa en que se encuentra el y su entorno.

Desventajas de ser optimistas

- Las personas optimistas pueden caer en el exceso de confianza y que nada malo les puede suceder.

- El ser optimista no protege contra las enfermedades.

- Creer que todo le va a salir bien y no va a tener dificultades.

- Considerar que tiene suerte.

- No actuar cuando debe hacerlo.

- Los optimistas pueden ser más vulnerables al estrés que quienes no lo son.

- Ignorar signos de alarma o advertencias evidentes.
- No cero objetivos y realistas en sus propósitos.

- No es normal sentirse feliz, o fingir ser feliz en todo momento.

- Tener una visión sobredimensionada de si mismos. de sus cualidades y capacidades.

Qué NO se debe hacer

- Considerar que sentirse mal es motivo para ser negativo.
- Señalar que es algo negativo que pasa es por culpa de la mala suerte
- Insinuar que solo a él le suceden cosas malas
- Atribuir lo que le sucede al destino
- Descalificar a otros por lo malo que le ocurre.
- Sentirse una carga cuando no puede responder con las obligaciones económicas.

- Rodearse de personas negativas.

- Negar que existe el riesgo de depresión si no actúa cuando se presentan las dificultades.
- Una persona con actitud optimista no exagera los aspectos negativos de una situación que suceda.

- Buscan minimizar cualquier actitud negativa.

- Una actitud optimista hace más fácil superar una situación cuando las cosas no ocurren de la manera que se pensaba.

- Escucha con atención y toma ideas para superar los conflictos.

Señales de Alerta que hacen peligrar el optimismo

	Sentirse desmotivado, como si estuviera atrapado , sin expectativas.
	Que ha perdido el deseo de seguir luchando por una causa. Se agotan las ilusiones.
	Abandona las actividades que significaban algo. Pérdida de interés y síntomas de irritabilidad.
	Aislarse de las personas sin motivos aparentes, falta de energía, apatía.

Las personas mayores son menos optimistas cuando hay recorrido un camino de sinsabores.

Factores determinantes

Factor	Resultado
La autonomía	Pérdida de independencia
La autoestima	Deterioro del auto valormiento
Depresión	Se agudiza en situaciones adversas
Soledad	Aislamiento voluntario

Todos estos factores pueden combinarse entre si incentivando el negativismo.

Mitos y realidades entorno al optimismo

Mito	Realidad
La persona pesimista no puede llegar a ser optimista	Toda persona puede lograr ser optimista si se lo propone
La depresión es una barrera para el optimismo	La depresión se puede tratar y el optimismo surge con la motivación
Las experiencias negativas hacen que las personas no puedan ser optimistas	El negativismo es una cuestión mental que se puede revertir y dar cabida al optimismo
El aislamiento imposibilita el optimismo	El aislamiento sirve para la reflexión y , no influye necesariamente en el optimismo de las personas.

Clase de personas optimistas

Optimismo exagerado.

Es un optimismo irracional, mediante el cual se pretende atraer las cosas buenas, que pueden o no suceder.

El optimismo moderado

Corresponde a aquel optimismo racional, reflexivo y muy realista ante las situaciones que se presentan.

Optimismo inferior

Aunque es positivo , se basa en creer que las cosas podrían mejorar poniendo más empeño, y ajustando lo que se ha hecho mal, para que las cosas no salgan como se tienen pensado.

Factores que ayudan para fortalecer EL OPTIMISMO

- **FE** de que las cosas van a mejorar .

- Tener el **CONVENCIMIENTO** de que se pueden manejar las situaciones adversas.

- **ACEPTAR** el mundo tal y como es.

- La manera como que se **LLEVE LA VIDA** determinará el curso de los acontecimientos.

- Sentir que hay esperanza en el futuro puede hacer a las personas optimistas

- **PENSAR** que todo lo que realice va a funcionar

- **CONSIDERAR** que las acciones que realice tendrán influencia en lo que ocurre en su entorno.

- **DESARROLLAR RESILIENCIA** y sentirse con el control de sus acciones.

- Tener **AUTONOMÍA y HABILIDAD** para aceptar tanto las cosas buenas y las cosas complicadas.

- Los auténticos optimistas son **REALISTAS,** no creer que las **COSAS BUENAS** vienen solo por tener pensamientos **POSITIVOS.**

¿De qué son capaces las personas optimistas ?

- Recobrarse del fracaso con cierta facilidad.
- Tienen mayor control de las circunstancias en que se encuentran.
- Piensan con prontitud en la manera de recuperarse de una situación adversa.
- Se adapta a las situaciones con facilidad y busca soluciones de forma calmada y racional.
- Ve los desengaños como oportunidad para mejorar.
- Tienen una buena autoestima.

Reconocer que los **PROBLEMAS** pueden suceder, y que las cosas no salen bien por que si.

Contemplar todas las **POSIBILIDADES** y buscar soluciones.

PERSEVERAR frente a las dificultades con la convicción de que todo va a mejorar.

¿Cómo mejorar el optimismo?

Intente en la medida que sea posible reducir los pensamientos negativos
Descubra que le causa negativismo o pesimismo y anticípese para mejorar
Visualícese como una persona optimista
No sienta que es culpable por no ser una persona optimista, por el contrario imite esa actitud de manera natural hasta que lo logre.
Reduzca la negatividad a la mínima expresión .

Procure ser realista en sus acciones.
Esfuércese por tener pensamientos positivos
Reconozca su grado de negativismo y redúzcalo a la mínima expresión
Espíe los pensamientos negativos y verifique su veracidad.
Descubra lo positivo se las cosas negativas
Aprópiese de los pensamientos positivos de personas que conozca o haya oído hablar de manera optimista.
Refuerce sus fortalezas y maneje su ansiedad.

Aborde aquello que lo perturba y causa negatividad y buscar soluciones.
Mantenga la tranquilidad y evitar sentimientos de angustia.
Reconozca su grado de negativismo y redúzcalo a la mínima expresión
Comparta lo que lo intranquiliza con alguien que considere optimista para que ayude a buscar soluciones.
Emplee frases positivas para lograr estabilizarse emocionalmente.

Auto cuestiónese del por que le suceden cosas negativas y encuentre la explicación con personas o documentándose.
Mantenga en alto la autoestima y esfuércese por confiar en si mismo.
No permita que un problema se agrande, emprenda acciones positivas para solucionarlo,
Supere sus miedos y afiance la seguridad en todo lo que haga.
Cuando establezca un diálogo hágalo con emoción y emplee frases constructivas

¿Claves para ser optimistas?

Las personas deben ser consciente de cuales son sus habilidades y capacidades, ya que eso les ayudará a emplearlas cuando se requiera.

No se debe decir NO A TODO, porque se crea un sentimiento de incompetencia.

Es importante emplear un lenguaje adecuado, que atraiga cosas positivas en el proceso de aprendizaje del optimismo.

Los individuos que se rodean de personas positivas se favorecen porque aprender a ser optimistas de la vida.

Todos los seres humanos deberíamos planificar nuestra vida cotidiana, ya que eso ayuda a tener una motivación para alcanzar todo aquello que se proponen, de ahí la importancia de asumir los problemas como retos a vencer.

Siempre es importante tener un plan "B", para cuando las cosas no salen como esperamos, y redireccionar nuestras acciones.

Para mantener el optimismo activo es necesario efectuar aquellos que nos agrada .

El optimismo tiene un origen que es la creatividad humana para ver las situaciones difíciles a las que nos enfrentamos a lo largo de la vida, dando importancia a lo que realmente se requiere y no dejándonos ahogar en un vaso con agua.

Es importante que las relaciones interpersonales sean honestas, tratando a todos los individuos con el mismo respeto que desearía para usted.

Es importante dar una adecuada interpretación a la realidad, ya que de eso dependen los sentimientos y pensamientos.

Es muy importante valorar las virtudes en los demás y no enfocarse en los defectos.

Hay que mostrar gratitud con el CREADOR, por lo que tiene así sea poco.

Las personas optimistas se fortalecen de cuerpo y mente, tienen actitud alegría y confiada que que todo va a salir bien.

Los optimistas se toman las cosas con buen ánimo, y a pesar de que las cosas pueden tornarse complicadas no las ven tan catastróficas.

Hay que mantenerse siempre ocupados en cosas que nos gusten y compartir con Aquellas personas que nos agradan.

Las personas optimistas son confiadas moderadamente atrayendo todo cuando necesiten hacer, saber o tener, para lograr más de lo que aspiran.

Los optimistas tienen como atributo la esperanza, que los hace protagonistas de sus propios actos para alcanzar los propósitos deseados, analizando y valorando los medios y las posibilidades que tienen a su disposición para el logro de sus objetivos.

A los optimistas las dudas y el estrés los mantiene activos, críticos, y con vitalidad.

Las personas optimistas no son ingenuas, son personas inteligentes, tiene habilidades y lucha por conseguir sus sueños.

Tienen la tendencia a esperar resultados positivos y favorables en todas sus acciones, persiguiendo sus metas con la confianza de que las lograrán persistiendo a pesar de las posibles dificultades que se presenten.

El optimismo genera efectos psicológicos saludables en las personas y permite afrontar los problemas con buen ánimo y perseverancia.

Los optimistas visualizan lo bueno y positivo que tienen los individuos y son muy sociables, ofreciendo su amistad desinteresadamente y, se esfuerzan por encontrar soluciones a cualquier evento adverso que se presente.

Es normal sentirse desmotivado y deprimido por los problemas económicos

Cuando no se tienen expectativas laborales, aparece la depresión y el pesimismo.

¿Sabes que hacer?

- Hay que alejar la depresión y el pesimismo de nuestra mente, ya que puede desencadenar en enfermedades.
- La falta de recursos y la inactividad desmotivación y pueden llevar a tener pensamientos negativos, por eso es que, hay que mantenerse ocupados todo el tiempo haciendo algo.

¿Qué se debe hacer para mantener el optimismo a pesar de las circunstancias adversas?

Mantenga una actitud positiva y conserve la alegría, eso le traerá buenos dividendos.

Elementos esenciales de las personas optimistas:

•Los individuos optimistas se protegen contra la depresión.

•Una actitud optimista resiste mejor el estrés.

•Hay personas que nacen con naturaleza optimista y lo irradian a los demás.

•El individuo que es optimista muchas veces es así por sus vivencias.

•Los individuos optimistas duran más tiempo.

¿Cómo poder ayudar a las personas desmotivadas por falta de actividad laboral?

Debemos apoyar a las personas que ven el futuro incierto por falta de oportunidades laborales, y expectativas de desarrollo personal.

Hay que ponerse en los zapatos de quien se encuentra agobiado por la falta de empleo y, brindarle apoyo moral y ayuda económica en la medida de las posibilidades, mientras sale de esa dificultad.

¡Entre todos podemos colaborar!

Tips de optimismo

Los pensamientos optimistas llevan a otros mejores que reconfortan a las personas.

Siempre existe la posibilidad de hacer algo, por insignificante que parezca para lograr un futuro más estable.

Es posible que una noticia negativa con el tiempo termine siendo algo anecdótico, que recordemos con agrado.

El optimista visualiza las situaciones en donde realmente desea estar.

Por mal que vayan las cosas hay que buscar estrategias para cambiarlas acomodándolas a unas mejores condiciones de vida.

No hay que permitir que otros intenten hacer naufragar nuestros sueños y esperanzas.

Se deben desechar aquellos pensamientos que estimulen a la desesperanza y, conduzcan a pensar que nada se puede hacer, cuando en realidad lo que se puede lograr es mucho.

El optimista emplea la adversidad para aprender, para aceptar los acontecimientos, para tomar decisiones siempre con alegría por salir a flote de las dificultades.

.Las personas optimistas cultivan los pensamientos positivos propiciando una calidad de vida mejor.

.

Las personas optimistas consideran que las situaciones negativas, no lo son tanto y que siempre se puede hallar una salida así parezca difícil lograrlo, saben que nada se puede dar por sentado y que todo puede cambiar favorablemente.

Los logros de los optimistas contrarrestan las frustraciones que se puedan presentar, saben que la solución está en ellos mismos..

Los optimista procuran vivir el presente sin angustiarse, con la idea de que las cosas tienden a mejorar y, se pueden lograr los propósitos con constancia, disciplina y persistencia.

El optimismo es sinónimo de racionalidad y por tal razón quien tiene esa actitud es realista y se acomoda a las circunstancias para sacar el máximo provecho..

Tipología de personas optimistas

Los entusiastas

Fuente: Google.com

Corresponde a aquella tipología de personas que exploran las posibilidades que tienen para surgir en las empresas y le apuestan a ser líderes con la idea de lograr escalar la pirámide laboral y desarrollar sus capacidades y potencialidades.

Los autónomos

Corresponde a aquellas personas alegres que no gastan su tiempo intentando agradar a los demás sino que sencillamente desarrollan una personalidad independiente que les permite tomar sus propias decisiones ante las situaciones que se presentan en la cotidianidad.

Saben cuales son sus virtudes y sus limitaciones y, por lo tanto despliegan su actitud positiva a todas las acciones que realizan con la seguridad de que saldrán bien librados.

Los fortalecidos

Fuente: Google.com

Estos individuos ven en los desengaños oportunidades de crecimiento, no se lamentan si no les ha ido bien, consideran que se puede aprender hasta de la peor experiencia.

Ante las situaciones adversas se muestran decididos a afrontarlas con entereza y entusiasmo, lo que para su entorno es beneficioso porque creen en ellos y en sus potencialidades.

Los encaradores

Fuente: Google.com

Son aquellos individuos que no evitan los problemas y por el contrario los enfrentan de manera eficiente y adaptativa.

Interpretan la realidad como un espacio que puede mejorar gracias a su mentalidad constructiva basada en la realidad .

No se auto engañan sino, por el contrario aprovechan las oportunidades para desplegar todas sus potencialidades, sentimientos, y valores para resolver las dificultades que se presenten en el trabajo o en el entorno familiar, mediante una actitud conciliadora y progresista.

Los equilibrados

Fuente: Google.com

Son individuos que no permanecen ajenos a las dificultades y, en lugar de resignarse orientan su pensamiento hacia la búsqueda de alternativas para solucionarlos.

Se trata de personas realistas y aterrizadas que no les agrada mostrar un falso optimismo, sino que se centran en resolver las cosas con cabeza fría y mentalidad abierta .

Los valorados

Fuente: Google.com

Son personas que como la palabra lo dice, se autovaloran positivamente y gracias a su elevada autoestima enfrentan los retos cotidianos al considerar que son capaces de encontrar soluciones a las situaciones adversas.

Se quieren así mismos y a los demás y, gracias a sus cualidades y experiencia logran tener credibilidad en cualquier acción que emprendan.

Los estrategas

Fuente: Google.com

Saben automotivarse constantemente, buscando tácticas para mantener siempre una mentalidad abierta orientada hacia la consecución de los objetivos propuestos .

Planean todo el tiempo para evitar al máximo los imprevistos y, tener la confianza de que cualquier labor que emprendan la van a hacer de manera práctica y eficiente.

Los aterrizados

Fuente: Google.com

Las personas optimistas viven el momento y lo disfrutan plenamente. El pasado ya se vivió y el futuro lo único que interesa es el aquí y el ahora, sin especular en cosas que no han sucedido.

Son pragmáticos y ven las cosas de forma sencilla sin dramatismos, sin exagerar eventos y así de esa manera dan la solución que corresponde a las dificultades.

Los luchadores

Fuente: Google.com

Son individuos con expectativas y se esfuerzan por conseguir lo que ellos desean, con el convencimiento de que pueden lograr lo que se proponen.

Son personas entusiastas y dan la vida se entregan plenamente a cumplir sus ideales, pues están convencidos de que la confianza y el compromiso les permite alcanzar las metas trazadas.

Los objetivos

Fuente: Google.com

Las personas optimistas no se preocupan por lo que comentan de ellos ya que tienen una valoración muy elevada de si mismos, por lo que la opinión de los demás no los afecta.

Aprenden de las críticas constructivas, y las críticas malintencionadas no les preocupa, porque saben poner en perspectiva a cada quien, distanciándose de las personas perversas.

Las personas optimistas son exitosas y en los momentos difíciles son realistas y, mentalmente fuertes por lo que tienen control de sus vidas.

Saben escuchar a los demás, y aceptan los errores cuando los cometen.

Son capaces de hacer autocrítica modificar comportamientos, aprecian a los demás y adoptan un comportamiento amigable hacia ellos.

Algunas Apps que ayudan a ser optimistas

Siente

Fuente: Google.com

La app para mejorar el bienestar, por medio de la psicología positiva. Ayuda a iniciar un cambio de hábitos para mejorar el bienestar aprendiendo a aceptar las situaciones de la vida, ser flexible ante los cambios, compartir el dolor de los demás, tener confianza, mejorar las relaciones, encontrar un propósito y ser amable.

Simply Being

Fuente: Google.com

Se trata de una app que ayuda a conocerse a si mismo por medio de la meditación, que puede practicar con la música que le agrade. Está disponible para iPhone, iPad, Windows, Android y Blackberry.

Happier

Fuente: Google.com

Ayuda a mejorar la autoestima y presenta opciones sencillas en las que se puede infundir la felicidad ya que hay muchas formas en las que ser agradecido con la vida conduce a un mayor positivismo.

Está disponible para IOS y Android.

Motivador

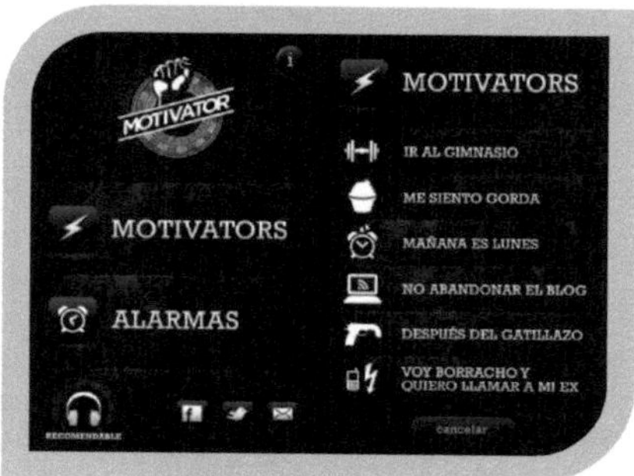

Fuente: Google.com

Se trata de una aplicación con discursos motivacionales de todo tipo de ocasiones. Tiene paquetes de alarmas creados para incorporar al celular y despertar con un buen impluso de optimismo. Una aplicación desarrollada por Tiempo BBDO y producida por Nostro Estudio y BSO.

Ser feliz Reto 30 días

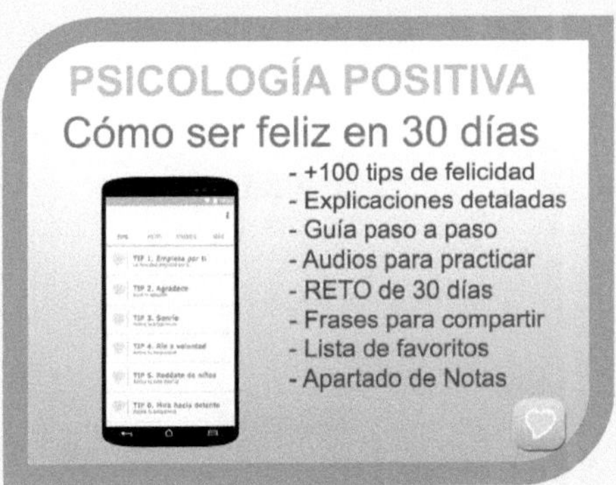

Fuente: Google.com

Esta aplicación móvil Basada está basada en la psicología positiva, y brinda consejos, frases, pautas y audios sobre felicidad para reflexionar cada día y anotar ideas y logros que consiga,

Mr. Wonderful

Fuente: Google.com

Esta aplicación tiene una selección de las mejores frases con el diseño guay de Mister Wonderful. Se encuentran frases con sentimiento de amor, de amistad, de la vida que hacen recapacitar o pensar, y ayudan a motivar a las personas para alcanzar sus objetivos.

La pretensión de este trabajo fue conocer de cerca las experiencias individuales y, su comportamiento al interactuar con los demás.

ENCUESTA PRACTICADA A PERSONAS DE DIVERSOS ESTRATOS SOCIALES

¿Puede cualquier persona ser optimista?	ni	%
a) Cualquier persona	29	72,5
b) Solo algunas personas	11	27,5
TOTAL	40	100

FUENTE: El autor con base en investigación de campo 2020

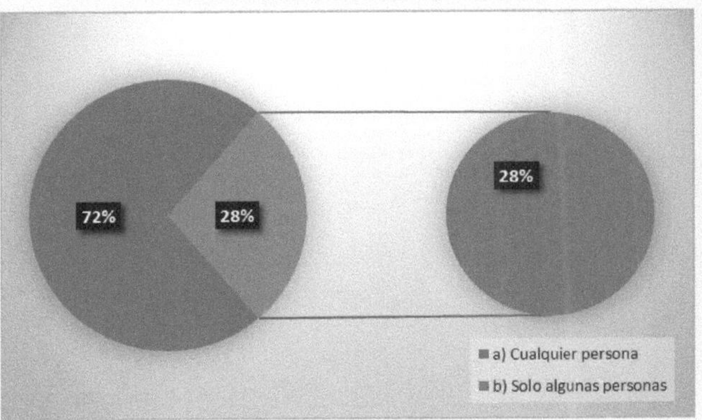

FUENTE: El autor con base en investigación de campo 2020

¿Cuál de las siguientes afirmaciones considera que guarda relación entre optimismo y autoestima?	ni	%
a) Al confiar en si mismo la autoestima se fortalece.	14	35
b) La autoestima es directamente proporcional al optimismo	12	30
c) La autoestima supone seguridad	8	20
d) Aceptando lo que somos se mantiene a salvo la autoestima.	6	15
TOTAL	**40**	**100**

FUENTE: El autor con base en investigación de campo 2020

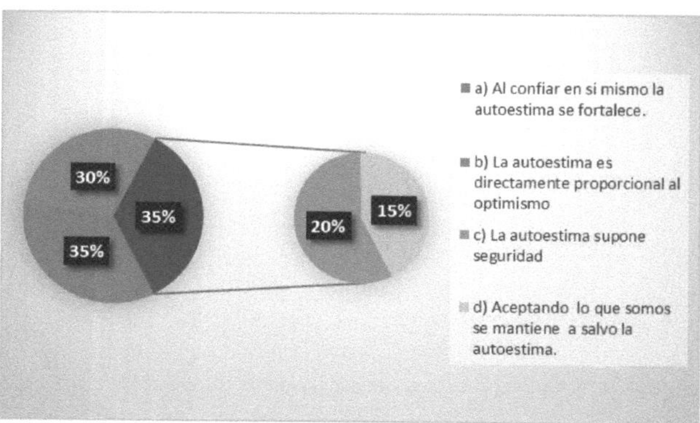

FUENTE: El autor con base en investigación de campo 2020

¿Cuál de las siguientes actitudes OPTIMISTAS coincide con su pensar?	ni	%
a) Ser optimista no es sinónimo de ingenuo.	6	15
b) A través del optimismo es posible ver las cosas con mayor claridad a pesar de las adversidades y dificultades por las que atraviese.	11	27,5
c) La actitud optimista nada tiene que ver con una falsa realidad.	5	12,5
d) El optimismo influye notablemente en el bienestar	8	20
e) Con actitud optimista estará en disposición de buscar ayuda siempre que la necesite para lograr los objetivos propuestos.	10	25
TOTAL	**40**	**100**

FUENTE: El autor con base en investigación de campo 2020

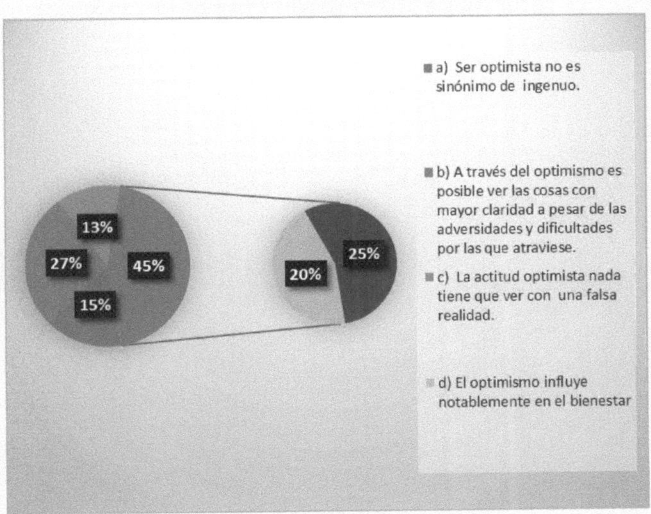

FUENTE: El autor con base en investigación de campo 2020

¿Con que periodicidad presenta actitudes OPTIMISTAS?	ni	%
a) Frecuentemente	**15**	37,5
b) De vez en cuando	**3**	7,5
c) En pocas oportunidades	**1**	2,5
d) Siempre	**21**	52,5
TOTAL	**40**	**100**

FUENTE: El autor con base en investigación de campo 2020

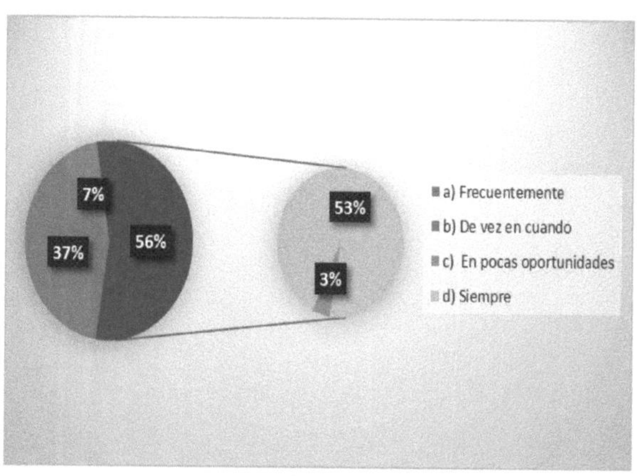

FUENTE: El autor con base en investigación de campo 2020

¿Cuál de los siguientes comportamientos laborales considera que podría afectar más el estado anímico de un empleado?	ni	%
a) Enfrentarse verbalmente a jefes o compañeros de trabajo	16	40
b) Discutir acaloradamente con los compañeros de trabajo por considerar que tiene más trabajo que otros	7	17,5
c) Hacer caso omiso a las sugerencias que hacen al trabajador para que sea más efectivo su trabajo	9	22,5
d) Actuar contrario a lo que le han indicado.	8	20
TOTAL	**40**	**100**

FUENTE: El autor con base en investigación de campo 2020

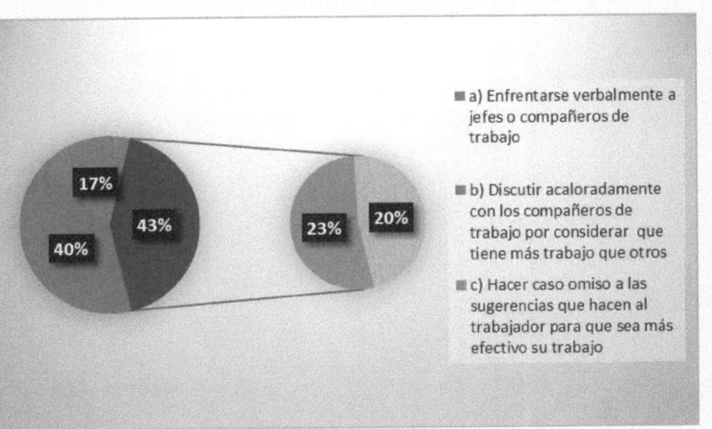

FUENTE: El autor con base en investigación de campo 2020

¿Quién cree usted que son más OPTIMISTAS?	ni	%
a) Los hombres	16	40
b) Las mujeres	11	27,5
c) Por igual	13	32,5
TOTAL	**40**	**100**

FUENTE: El autor con base en investigación de campo 2020

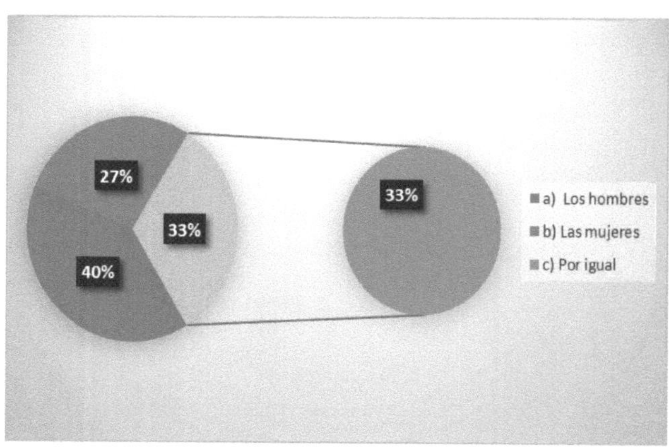

FUENTE: El autor con base en investigación de campo 2020

¿Considera que las personas OPTIMISTAS envejecen más lentamente?	ni	%
a) Si porque son personas que viven con bajos niveles de estrés	11	27,5
b) Si porque mantienen buena la salud	8	20
c) No porque es un estado de ánimo que poco influye en el organismo de las personas	4	10
d)Si porque aumenta los niveles de bienestar	9	22,5
e) Si porque viven una vida de satisfacción constante	8	20
TOTAL	**40**	**100**

FUENTE: El autor con base en investigación de campo 2020

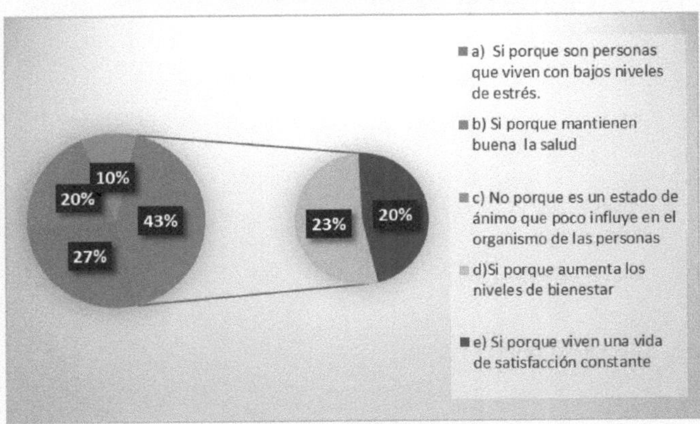

FUENTE: El autor con base en investigación de campo 2020

¿Con cuál de los siguientes perfiles se identifica más?	ni	%
a) Aquellas personas que no se lamentan cuando les ocurre cosas desfavorables.	10	25
b) Individuos que animan a otros cuando las cosas no salen bien	8	20
c) Personas que viven alegres el día como si fuera el último	10	25
d) Aquellos que no se descorazonan porque perdieron su trabajo	5	12,5
e) Quienes ante la adversidad buscan soluciones consensuadas	7	17,5
TOTAL	**40**	**100**

FUENTE: El autor con base en investigación de campo 2020

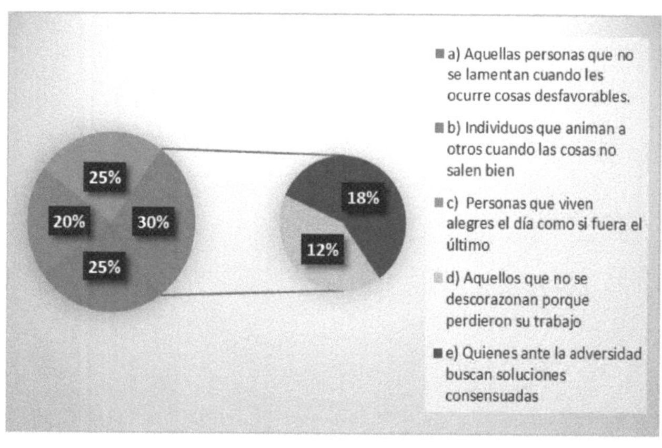

FUENTE: El autor con base en investigación de campo 2020

¿Cuál de los siguientes comportamientos ha tenido en su relación afectiva?	ni	%
a) No se deprime a pesar de tener conflictos de pareja	9	22,5
b) Agradece a DIOS porque, aunque las cosas no están bien, lo considera una prueba a superar.	6	15
c) Procura no pensar en las cosas negativas y trata de buscar soluciones a los problemas	14	35
d) Emplea el diálogo para buscar soluciones a las dificultes que se presenten	11	27,5
TOTAL	**40**	**100**

FUENTE: El autor con base en investigación de campo 2020

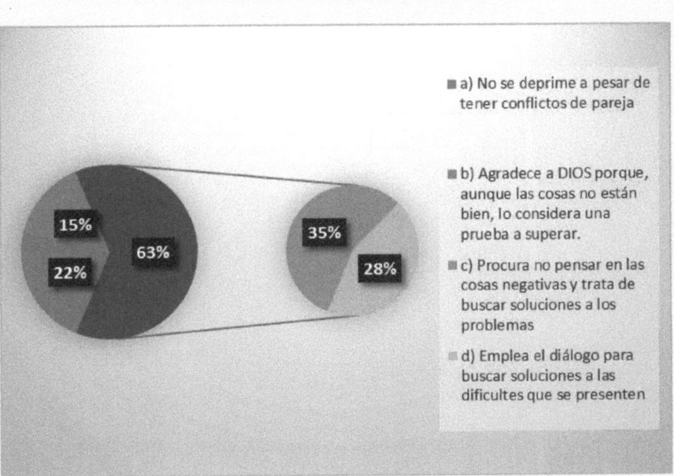

FUENTE: El autor con base en investigación de campo 2020

¿Cree que EL OPTIMISMO mejora el ambiente en los hogares cuando se presentan discusiones?	ni	%
a) Si porque hay diálogo familiar	7	17,5
c) SI porque es un estado de ánimo que permite mantener la armonía.	14	35
d) Si porque no quedan heridas abiertas de las discusiones.	11	27,5
e) Si porque no aparece el derrotismo y se mantiene la integración familiar	8	20
TOTAL	**40**	**100**

FUENTE: El autor con base en investigación de campo 2020

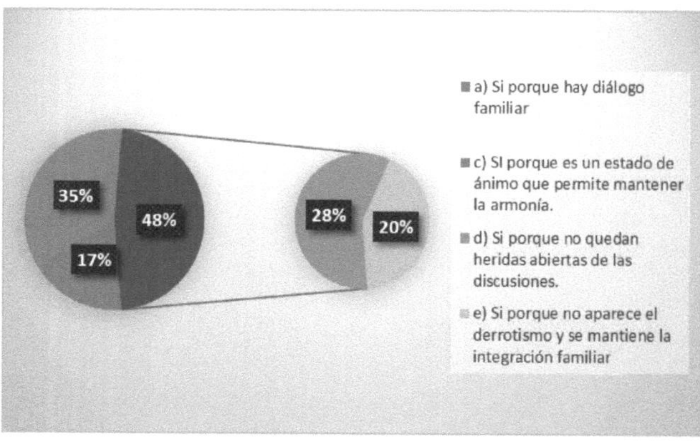

FUENTE: El autor con base en investigación de campo 2020

¿Con cuál de las siguientes opciones cree que puede mejorar su OPTIMISMO?	ni	%
a) Ejercicio físico.	12	30
b) Salir a caminar para despejar la mente	11	27,5
c)hacer meditación	8	20
d) Asistir a terapias psicológicas	5	12,5
e) Tomar hierbas tranquilizantes	4	10
TOTAL	**40**	**100**

FUENTE: El autor con base en investigación de campo 2020

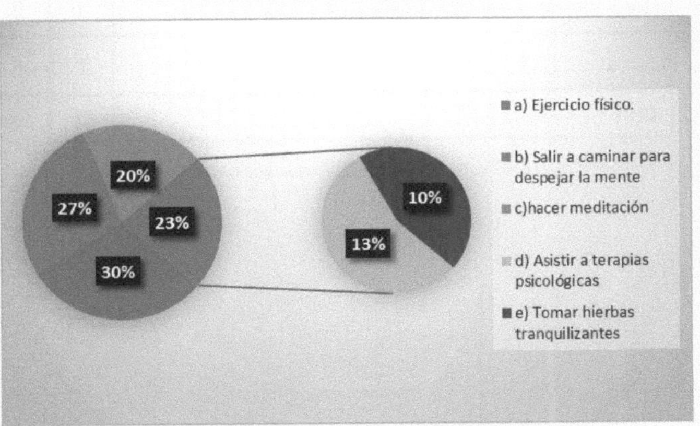

FUENTE: El autor con base en investigación de campo 2020

¿Con cuál de las siguientes tipologías de optimistas se identifica usted?	ni	%
a) Los entusiastas	6	15
b) Los autónomos	7	17,5
c) Los fortalecidos	3	7,5
d) Los encaradores	3	7,5
e) Los equilibrados	4	10
f) Los valorados	3	7,5
g) los estrategas	5	12,5
h) Los luchadores	3	7,5
i) Los objetivos	4	10
J) Los aterrizados	2	5
TOTAL	**40**	**100**

FUENTE: El autor con base en investigación de campo 2020

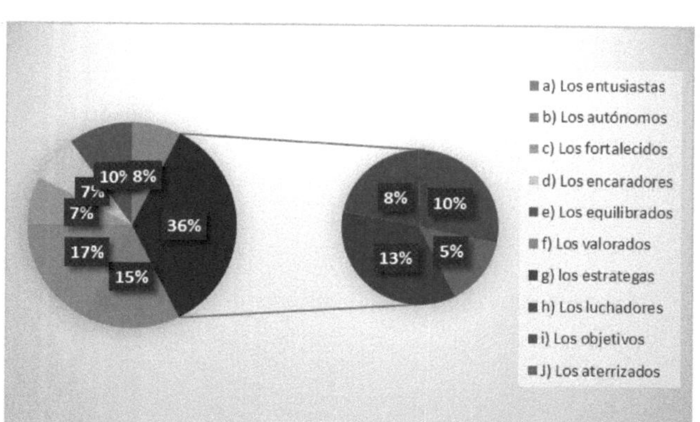

FUENTE: El autor con base en investigación de campo 2020

EL OPTIMISMO EN LAS SAGRADAS ESCRITURAS

Corintios 3:4-5 Y esta confianza tenemos hacia Dios por medio de Cristo: no que seamos suficientes en nosotros mismos para pensar que cosa alguna {procede} de nosotros, sino que nuestra suficiencia es de Dios,
Nahúm 1:7 Bueno es el SEÑOR, una fortaleza en el día de la angustia, y conoce a los que en Él se refugian
Gálatas 5:5 Pues nosotros, por medio del Espíritu, esperamos por la fe la esperanza de justicia.
Juan 5:14 Y esta es la confianza que tenemos delante de Él, que, si pedimos cualquier cosa conforme a su voluntad, Él nos oye.
Miqueas 7:7 Pero yo pondré mis ojos en el SEÑOR, esperaré en el Dios de mi salvación; mi Dios me oirá.
Proverbios 12:25 La ansiedad en el corazón del hombre lo deprime, más la buena palabra lo alegra.
Romanos 15:13 Y el Dios de la esperanza os llene de todo gozo y paz en el creer, para que abundéis en esperanza por el poder del Espíritu Santo.
Jeremías 17:7 Bendito es el hombre que confía en el SEÑOR, cuya confianza es el SEÑOR.

CONCLUSIONES MÁS IMPORTANTES DE LA INVESTIGACIÓN

Las personas optimistas ven lo positivo en cualquier situación por difícil que esta parezca.

Mantener una actitud positiva y alegre traerá buenos dividendos.

Al confiar en si mismos los optimistas fortaleces su autoestima.

A través del optimismo es posible ver las cosas con mayor claridad a pesar de las adversidades y dificultades por las que atraviese.

EL OPTIMISMO mejora el ambiente en los hogares cuando se presentan discusiones, porque es un estado de ánimo que permite mantener la armonía.

BIBLIOGRAFÍA DEL AUTOR

(Algunas publicaciones)

- Nos encanta estar debajo de la baldosa
- Encontré una sandía en el desierto.
- Dios mío así mi alma se pierda nunca te dejare de amar.
- La automotivación es un motorcito en el trasero.
- Cómo ser un deportista con mentalidad ganadora.
- La drogadicción es como estar en una olla a fuego lento.
- El aborto sinónimo de menosprecio humano.
- El poder del granito de mostaza.
- El presente muere cada instante.
- La hematidrosis de Jesús.

- **Envidia e ingratitud son dos pecados que van de la mano.**
- **¿Es usted un calavera con su pareja?**
- **Del gozo al sufrimiento solo hay un paso.**
- **Gritando no se cogen venados.**

GLOSARIO DE TÉRMINOS

Actitud: predisposición ante algo. Por ejemplo, una actitud colaboradora significaría que se está dispuesto a colaborar.

Autoestima: valoración subjetiva que las personas hacen de sí mismas.

Emoción: expresión afectiva generalmente intensa, de presentación más o menos brusca y que va siempre acompañada de manifestaciones físicas (ej. Llanto).

Empatía: capacidad de entender cómo se siente el otro, es decir, de ponerse en su lugar y entenderle. A veces se utiliza como una habilidad para conectar con los demás.

Entorno: Ambiente que rodea a algo o alguien que incluye, además de la superficie física, componentes psicológicos y sociales.

Interacción: relación mutua entre dos o más elementos.

Interpersonal: relativo a las relaciones entre personas. Hay una psicoterapia que se centra en las dificultades del paciente en la relación con otros, la psicoterapia interpersonal.

Resiliencia: capacidad del sujeto para no padecer una enfermedad a pesar de la existencia de factores de riesgo (facilitadores o desencadenantes). Podría definirse por oposición a vulnerabilidad.

Síntomas Positivos: Se emplea para referirse a manifestaciones productivas de la psicosis que no ocurrirían si no existiese la enfermedad (ej. Alucinación).

Vínculo: proceso que se establece entre dos personas que están relacionadas. Es el sustrato de un compromiso dentro de la relación entre dos o más personas.

ANEXOS

Chistes

Fuente: Google.com

Fuente: Google.com

Fuente: Google.com

Fuente: Google.com

ALGUNAS PUBLICACIONES DEL AUTOR

(Más de 200 libros que se pueden consultar en la red)

DAVID FRANCISCO CAMARGO HERNÁNDEZ

DAVID FRANCISCO CAMARGO HERNÁNDEZ

DAVID FRANCISCO CAMARGO HERNÁNDEZ

DAVID FRANCISCO CAMARGO HERNÁNDEZ

DAVID FRANCISCO CAMARGO HERNÁNDEZ

DAVID FRANCISCO CAMARGO HERNÁNDEZ

DAVID FRANCISCO CAMARGO HERNÁNDEZ

DAVID FRANCISCO CAMARGO HERNÁNDEZ

DAVID FRANCISCO CAMARGO HERNÁNDEZ

DAVID FRANCISCO CAMARGO HERNÁNDEZ

DAVID FRANCISCO CAMARGO HERNÁNDEZ

DAVID FRANCISCO CAMARGO HERNÁNDEZ

DAVID FRANCISCO CAMARGO HERNÁNDEZ

Ediciones Dafra

Printed by Books on Demand GmbH, Norderstedt / Germany